TT53
49

UN MOT

SUR LES

ÉVÉNEMENTS DE FÉVRIER 1848

———

La Vérité à tout le monde.

PARIS

IMPRIMERIE BONAVENTURE ET DUCESSOIS

Quai des Grands-Augustins, 55.

—

1848

UN MOT

SUR LES

ÉVÉNEMENTS DE FÉVRIER 1848

On se tromperait singulièrement si l'on s'imaginait que la Révolution de Février a été une révolution purement politique, provoquée par le désir de changer la forme du gouvernement, par le désir de renverser la monarchie pour y substituer la République. Rien de semblable n'a eu lieu.

La Révolution de Février a été faite par la garde nationale, qui criait : *Vive la Réforme ! à bas les ministres !* et ne demandait ni ne voulait autre chose. On demandait des améliorations et non pas une révolution ; ceci est très-important à constater, pour l'avenir surtout.

Il ne faut pas non plus que l'on vienne parler des grands combats livrés dans les rues, puisque ces grands combats n'ont jamais existé. Si l'on s'est battu sur la place du Palais-Royal, à l'attaque du poste du Château-d'Eau, ç'a été bien inutilement, puisque les militaires qui occupaient ce poste avaient, dès le matin, entre huit et neuf heures, reçu l'ordre de ne point faire usage de leurs armes, quoi qu'il arrivât. Cet ordre leur fut donné à deux reprises différentes ; par un officier d'état-major d'abord, ensuite par un général qu'on disait être le maréchal Bugeaud. Il était accompagné de quatre ou cinq officiers à cheval. Ce général dit : « que le roi avait définitivement renvoyé ses ministres, qu'il avait fait appeler M. Odilon-Barrot, et l'avait chargé de former un nouveau ministère. Il citait le général Lamoricière comme devant faire partie du nouveau cabinet. En apprenant cette nouvelle, les personnes présentes poussèrent à plusieurs reprises les cris de : *vive le roi!* » Ceci se passait le jeudi matin, vers neuf heures ; j'étais spectateur, je garantis l'exactitude de ces détails.

A ce moment, tout était considéré comme fini ; la preuve, c'est que les troupes reçurent l'ordre de rentrer dans leurs casernes, et qu'immédiatement un régiment de ligne quitta la place du Carrousel et s'en fut gagner les boulevards par la rue Richelieu. Les barricades élevées dans cette rue étaient désertes, celles des boulevards étaient également abandonnées. Le ministère des affaires étrangères était occupé par la garde nationale ; on ne voyait plus de combattants ; enfin les boutiques se rouvraient partout, chacun se trouvait content. Mais on avait compté sans le parti républicain.

Ce parti, dont les comités s'étaient déclarés en permanence dès le commencement des événements, occupait alors les rues chères à son courage, à sa valeur, les rues qui furent toujours le théâtre de ses exploits, c'est-à-dire les petites rues avoisinant le cloître Saint-Merry. Ces hardis combattants, quittant alors le lieu de leur refuge, marchèrent résolument sur les Tuileries. Arrivés sur la place du Palais Royal, ils engagèrent la fusillade avec un détachement du 14ᵉ régiment de ligne, occupant le poste du Château-d'Eau, évacué le matin par la garde municipale. Je ne sais pas quels furent les agresseurs ; mais de quelque côté que vint l'attaque, ce n'en fut pas moins un combat stupide, attendu qu'il n'y avait eu nulle part de résistance sérieuse, et que l'armée n'avait pas voulu tirer sur les citoyens, voyant la garde nationale à la tête du mouvement. Le poste du Château-d'Eau ayant été forcé, ils arrivèrent aux Tuileries, où ils entrèrent sans tirer un coup de fusil. Le roi en étant sorti presque au même moment, personne ne jugea à propos de défendre la demeure royale abandonnée. On a blâmé ce départ du roi, fuyant devant le mouvement, au lieu de l'attendre de pied ferme et de s'entendre loyalement avec ses chefs, ainsi que doit faire tout homme de cœur. On a très-certainement raison ; mais il ne faut pas oublier, non plus, qu'un vieillard de 75 ans peut fort bien faiblir dans une circonstance semblable. La vieillesse peut excuser cette faute. Du reste, il y en a eu bien d'autres plus graves qu'on peut justement lui reprocher et que l'histoire ne lui pardonnera jamais. Ce n'est pas ici le lieu d'en parler.

Sur ces entrefaites, une fraction du parti républicain se rendit à la Chambre des Députés. M. de Lamartine occupait la tribune lorsqu'on entendit un très-grand bruit aux portes des dernières tribunes. Presque aussitôt elles furent envahies par des hommes armés, dont quelques-uns mirent le président en joue, ce qui occasionna de très-grands cris de la part des personnes qui étaient dans l'hémicycle et autour de la tribune. La duchesse d'Orléans, qui assistait à la séance (on traitait alors la question de la régence), sortit aussitôt avec ses deux enfants, le duc de Nemours et quelques autres personnes qui l'accompagnaient. Le président, voyant que les délibérations n'étaient plus libres, déclara que la séance était levée, et sortit de la Chambre, ainsi que presque tous les députés qui assistaient à la séance. Combien étaient-ils, ceux qui firent ce tumulte ? Une centaine environ ! Il se trouvait là un bien plus grand nombre de personnes, de gardes nationaux, qui virent ces démonstrations sans y prendre aucunement part ; ils laissèrent faire, et voilà tout.

Les députés de l'extrême gauche, restés seuls, proposèrent la formation d'un gouvernement provisoire, ce qui fut adopté sans réclamation, bien entendu. Ils se mirent sur la liste, cela va sans dire. Quelques-uns ayant émis l'avis de se rendre à l'Hôtel-de-Ville pour y installer le nouveau gouvernement, je n'en vis pas davantage. J'étais adossé à la tribune quand, me sentant frapper sur l'épaule, je me retournai et vis une personne de ma connaissance, qui me dit : — Eh bien ! êtes-vous satisfait de cela ? nous voilà en pleine terreur. — A peu de chose près, répondis-je, puisque c'est en mettant le président en joue qu'on l'a forcé à lever la séance. — Si vous m'en croyez, nous nous en irons ? me dit cette personne. — Très-volontiers, lui répliquai-je. Nous sortîmes aussitôt. Je n'assistai pas au départ de l'illustre assemblée pour l'Hôtel-de-Ville.

De l'avènement de la République passons à la pratique de ce nouveau gouvernement.

Il est bien vrai que la République une fois proclamée, elle n'a rencontré nulle part de résistance sérieuse. Ce qui caractérise surtout notre époque, c'est une sorte d'apathie, d'indifférence, pour tout ce qui ne touche pas directement nos intérêts particuliers. Voici le raisonnement qu'on entend faire de tous côtés : Peu nous importe la forme du gouvernement ; la monarchie soit, la république soit. Que nous soyons bien gouvernés, cela nous suffit ; nous ne demandons pas autre chose. Que les affaires reprennent, que les travaux marchent : voilà ce qu'il nous faut ; peu nous importe après un président, un consul ou un roi pour chef de l'État. Dans une société aussi positive, aussi égoïste que la nôtre, l'intérêt personnel dominera toujours les autres sentiments. L'enthousiasme est mort, l'égoïsme l'a tué... Plus de dévouement, plus de sacrifices, plus d'amour ni pour les races royales ni pour les formes républicaines, cela ne rapporte rien... l'intérêt particulier avant tout. Tel est l'esprit du siècle, il faut s'y conformer. La république n'a pas eu le don de faire renaître l'enthousiasme qui animait nos pères. C'est un malheur ! qu'y faire ? Rien.

Donc, la république a été acceptée à cette condition-là : d'assurer le bien-être de chacun... Les ouvriers mêmes, quelque patriotes qu'ils soient, ne cachent point leurs

prétentions à ce sujet. Ils ne sont si partisans de la république que parce qu'ils s'imaginent que leur sort en sera
de beaucoup amélioré. On leur a promis qu'il en serait
ainsi. Ils y tiennent. Reste à savoir comment on pourra
réaliser cette promesse. Jusqu'à présent on n'a pas trop
réussi. On compte sur l'avenir, on a raison... il n'y a
que l'espérance qui nous fait vivre... Espérons des jours
meilleurs!

On avait bien imaginé deux moyens. La diminution
des heures de travail, l'augmentation des salaires... Mais
ces moyens sont déjà quelque peu usés... En temps de
révolution on va vite ; tout s'use promptement... En
effet, avant d'augmenter les salaires et de diminuer les
heures de travail, il fallait trouver des travaux.... *That is
the question,* comme disent les Anglais (c'est là qu'est la
question).

Quant à moi, qui n'ai pas le génie de M. Louis Blanc,
j'aurais agi tout autrement et j'aurais dit : Qui est-ce qui
fait vivre l'ouvrier? Le fabricant. Qui est-ce qui fait
vivre le fabricant? Le commerçant. Il fallait donc s'oc-
cuper avant tout du sort du commerçant et de l'industriel, puisqu'en définitive cela aurait tourné au profit
de l'ouvrier qui y aurait un meilleur compte. Qu'y
avait-il donc à faire? C'est ce que nous allons examiner ici.

Chacun sait que par suite de la grande cherté des sub-
sistances pendant les deux dernières années, et peut-être
aussi par suite de la trop grande fabrication, il en était
résulté une très-forte crise commerciale avant même les
événements de février. C'est même, si je ne me trompe,
cette crise qui est la vraie cause de la révolution. En effet,
à cette époque, tout le monde était mécontent de sa position. Le négociant était presque à bout de ressources.
L'ouvrier était las de souffrir par suite du manque de
travaux qui se faisait sentir depuis longtemps : chacun

alors a donné tête baissée dans le mouvement, dans le but d'exprimer son mécontentement, et peut-être aussi pour s'étourdir sur la position de ses affaires. Déjà, dès l'année dernière, j'avais pu entendre des personnes fort honorables se livrer à des attaques violentes contre le gouvernement, l'accusant de n'avoir point fait tout ce qu'il aurait pu faire pour empêcher la trop grande cherté du pain. Règle générale : quand le peuple souffre, il s'en prend à ses gouvernants, sans raisonner, sans examiner auparavant s'il est possible au gouvernement d'empêcher ces souffrances d'avoir lieu. Cependant, il faut pourtant reconnaître qu'il n'est pas au pouvoir des ministres, quels qu'ils soient, de conjurer les effets des mauvaises récoltes ; et qu'en pareil cas, ce que l'on peut faire de mieux, c'est de prendre son mal en patience. Cela dit, revenons à notre objet. Que fallait-il faire pour venir au secours du commerce et de l'industrie ?

Ce que fait tout industriel, tout négociant qui se trouve gêné dans ses affaires. Ces négociants, ces industriels sont allés plusieurs fois trouver le Gouvernement provisoire, le suppliant de leur accorder du temps pour se libérer de leurs engagements. Il fallait accéder à leur demande, il fallait suspendre les créances et toute espèce de poursuite jusqu'à la réunion de l'Assemblée nationale, laquelle aurait été appelée à statuer sur la question. Il fallait à tout prix empêcher la fermeture des usines et des ateliers. Il fallait dire aux fabricants, aux négociants : Travaillez avec l'argent des autres. Vos magasins sont encombrés ? mais les marchandises qui vous restent sont passées de mode ; elles ont perdu de leur fraîcheur, de leur nouveauté, confectionnez-en, mettez-en d'autres en vente qui tentent l'acheteur et le consommateur. Il fallait au besoin ouvrir une prime à l'exploitation de ces marchandises. Aux grands maux les grands remèdes : je ne nie point que cette mesure n'eût eu ses inconvénients ; mais quelle mesure n'en a pas? Si pour un petit mal vous produisez un grand bien, le remède est excellent, je le tiens pour tel. Du reste, bon gré, malgré, on sera obligé d'en venir là ; seulement ce sera trois mois trop tard, voilà tout, et peut-être ne sera-t-il plus temps !...

Ce moyen, en définitif, n'atteignant que le haut commerce et les financiers, y avait-il lieu de les plaindre? Non, car eux aussi ne sont pas exempts de reproches. Ils ont voulu tout envahir, tout accaparer, ils ont grandement contribué à la ruine du petit commerce. Quel mal trouvait-on à leur faire rendre gorge? On a voulu sauvegarder leurs intérêts; on a très-bien réussi. Ils se montrent très-reconnaissants de la mesure. Ils ont fermé leurs caisses, leurs bourses, au fur et à mesure de la rentrée des fonds, ils les ont resserrés, et se moquent de ce qu'on a fait pour eux; il fallait les tenir; on les laisse s'échapper.

En attendant, le petit, le moyen commerçant (et c'est le plus grand nombre), bien des fortes maisons aussi, sont restées là en souffrance, exposées aux poursuites pour des dettes qu'ils ne peuvent payer, attendu qu'il n'y a aucun commerce et que les frais de chaque jour se trouvent encore augmentés par les circonstances, le service de la garde nationale et autres. Le commerce est à présent découragé et dans l'impuissance de se livrer à de nouvelles affaires. L'ouvrier, lui, va piocher la terre dans les ateliers nationaux : son sort n'est guère meilleur! Voilà le commencement. Comment sera la fin de la crise? Quand et comment finira-t-elle?

Que l'on veuille bien tenir compte de ce qu'ont payé, depuis deux ans, bon nombre de petits et de moyens commerçants pour frais de protêts et autres poursuites de ce genre; que l'on tienne compte aussi des sacrifices de toute espèce que s'imposaient ceux qui tenaient à honneur de remplir leurs engagements tels que: ventes à non valeurs, dépôts au Mont-de-Piété, intérêts d'argent usuraires, etc., etc... et l'on verra si cette classe de citoyens n'était pas tout-à-fait digne de la sollicitude du gouvernement! Qu'a-t-on fait pour elle? Rien. Et pourtant je le répète et le répéterai toujours: Si le commerçant n'est pas heureux, l'ouvrier ne peut pas l'être non plus! Leur sort est intimement lié. Au Luxembourg on pense autrement; aussi, au lieu de l'organisation, aurons-nous la désorganisation du travail.

Maintenant, la composition du Gouvernement provisoire n'était-elle pas vicieuse? Je n'hésite pas à répondre affirmativement.

Quand on élève ses prétentions jusqu'à vouloir gouverner une nation dont les intérêts et les besoins sont aussi divers, aussi compliqués que ceux de la nation Française, il ne suffit pas d'être homme de théorie, homme de lettres, avocat, journaliste, ou péroreur, il faut indispensablement être homme pratique, bon administrateur, connaître et comprendre parfaitement les affaires : ce qui n'est pas peu de chose. Pour satisfaire aux vœux, aux besoins d'une nation, il faut connaître les vœux et les besoins de cette nation; cela ne fait pas le moindre doute. Eh bien! cette connaissance ne s'acquiert pas en rimaillant de mauvais vers, en fabriquant de mauvais romans, en écrivant de mauvais articles de journaux à tant la ligne, pas plus qu'en composant de méchants discours qui servent à défendre des causes plus mauvaises encore.

Où sont les hommes pratiques dans le Gouvernement? J'aperçois en tête M. de Lamartine.

M. de Lamartine est un poëte très-célèbre... pour notre époque...

Mais si M. de Lamartine avait à défendre ses ouvrages par-devers un critique, un censeur qui s'appelât Nicolas Boileau ou Despéraux, la réputation de l'auteur de la

Chute d'un ange (ouvrage très-sensé soit dit en passant) pourrait très-bien ne pas sortir intacte de cette épreuve... Or donc si le sens lui manque en poésie au point d'écrire un ouvrage absurde, il doit également lui manquer en politique, en affaires. Comment peut-on espérer qu'il nous gouvernera bien? sont-ce des rêveurs, des songe-creux qu'il nous faut aujourd'hui?

Après M. de Lamartine, viennent les citoyens Ledru-Rollin, Marie, Crémieux, Garnier-Pagès, avocats.

Immanquablement, Messieurs les avocats ne devaient pas se réserver une petite place dans le Gouvernement provisoire de la République Française : il y a même fort à penser qu'ils auront une large part dans le Gouvernement définitif... Il ne saurait en être autrement... En effet, un *avocat* n'est-ce pas le savoir, la capacité, la science incarnée...? De quoi ignore, de quoi doute, que ne sait, que ne connaît pas un avocat...? Un avocat a tout lu, tout vu, sait tout, connaît tout... c'est l'omni-science... c'est l'image de la perfection sur la terre... à ce qu'ils disent...! Il n'y a qu'une toute petite chose qui leur échappe tout aussi bien qu'au plus simple mortel, à savoir : la pratique la connaissance des hommes et des choses...! Sans cela ils seraient véritablement parfaits.

A côté d'eux, je vois le citoyen Arago, astronome très-distingué sans aucun doute, très-capable de juger les révolutions... de la lune et du soleil... de la voûte céleste... comme aussi de se prononcer sur les étoiles filantes... Mais qui ne sait que plus d'un astrologue, trop occupé à contempler le ciel, ramené tout-à-coup aux choses d'ici-bas par un accident des plus vulgaires, s'en est allé donner de la tête au fond d'un puits... Une telle chute serait-elle réservée à un membre du Gouvernement provisoire?... Il est permis d'y croire d'après les précédents...

Sur la même ligne se placent les citoyens Marrast,

Ferdinand Flocon, Louis Blanc, journalistes.....

Trois journalistes, ce n'était vraiment pas trop... car, semblables aux avocats, les journalistes ont aussi une très-grande foi, une très-grande confiance en eux-mêmes. Ils ne se croient pas bêtes, allez... Interrogez-les!... ils vous diront modestement : C'est nous, ce sont nos articles qui ont fait la révolution! Tout le reste n'y a été pour rien... Du reste, hommes à systèmes, à utopies, commes les avocats, auxquels ils ressemblent beaucoup, et avec lesquels ils font très-souvent alliance ; il ne leur manque aussi que la connaissance des hommes et des choses... la connaissance de la vie pratique... A leurs yeux le monde entier, ce sont les hommes de lettres... Leur vue ne s'étend pas au-delà !...

Quant au citoyen Albert, ouvrier... pour rire... il n'est là que pour représenter les travailleurs, avec voix délibérative toutefois...

Tous mes respects sont acquis à l'honorable Dupont (de l'Eure), dont la longue carrière a toujours été honorable et pure ; mais quand on a quatre-vingts ans passés, il est bien temps de se reposer et de laisser à d'autres le soin de traiter les affaires de la terre... en temps de révolution surtout...

Je répéterai ce que j'ai déjà dit ailleurs, savoir : qu'il est beaucoup plus facile de détruire, de désorganiser, que de créer, de réorganiser. La République a promis le travail, une amélioration sociale à la classe des travailleurs ; elle a promis de régénérer la nation... Eh bien! il faut qu'elle accomplisse ce qu'elle a promis ; c'est une question de vie et de mort pour elle... Il ne faut pas s'y tromper : si elle ne tient ses promesses, elle n'a pas longtemps à vivre... c'est moi qui l'affirme... Nous ne sommes pas dans le siècle de la patience, de la résignation, des sacrifices ; nous sommes dans le siècle du commerce, des affaires. Quant aux républicains, aux démocrates furibonds qui prétendraient soutenir le contraire, je leur dirai purement : Bonnes gens, vous avez le transport au cerveau... allez vous faire saigner; pour le moment vous ne voyez point clair... Sachez que les ouvriers tout comme les commerçants ont besoin de vivre; que l'on ne vit qu'à l'aide du travail; que ceux qui n'ont rien ont plus besoin de travailler que ceux qui ont quelque chose. Sachez qu'aujourd'hui on ne peut payer personne à ne rien faire; cela ne saurait durer longtemps... que les ouvriers les premiers se lasseront de cet état de choses...

Qu'a fait depuis deux mois le Gouvernement provisoire pour la réalisation de ses promesses?... Rien! Seulement il a pas mal détruit, pas mal renversé, sans rien mettre en place. Grand merci, citoyens très-capables! Voilà le fruit de vos très-hautes capacités!... C'est un très-beau résultat! L'élite de la France était là cependant... poëtes, avocats, journalistes, savants... N'est-il pas temps de chercher ailleurs?...

On attend la réunion de l'Assemblée nationale.

Mais l'Assemblée nationale ne se réunit que le 4 mai.

Mais à peine au mois de juin aura-t-elle commencé ses travaux! Mais ensuite l'été, s'écoulant à grands pas, l'hiver nous trouvera encore dans le provisoire, ou à peu près. Pense-t-on que nous puissions rester jusque-là sans travail, sans argent, sans confiance, sans crédit? De quoi vivra-t-on en attendant? Et d'ailleurs, si l'on veut récolter plus tard, ne faut-il pas à l'avance préparer, féconder, ensemencer le terrain? On ne récolte pas le jour que l'on sème, dit le proverbe! Il ne fallait pas l'oublier.

Il est vrai qu'en ce monde il y a des gens qui ont réponse à tout; les arguments ne leur font jamais défaut. Ils vous diront, par exemple : C'est la faute des riches si nous sommes ainsi; pourquoi resserrent ils l'argent comme ils le font? Les riches où sont-ils aujourd'hui?...

est-ce que toutes les fortunes ne sont pas ébranlées?...
Le propriétaire qui ne reçoit pas ses loyers est-il riche?
Les actionnaires des chemins de fer, de la banque, des
canaux, de toutes les valeurs industrielles, sont-ils riches
aujourd'hui?... Les rentiers, qui ont perdu la moitié de
leur capital, sont-ils riches aussi? Gardez ces valeurs,
dira-t-on! Mais celui qui ne peut les garder n'est-il pas
obligé de se conformer aux circonstances? En second
lieu, est-ce que le présent n'influe pas sur l'avenir,
même sur les esprits les plus rassurés?... Lorsque le vais-
seau menace de sombrer, n'est-il pas bien permis de
s'assurer d'une planche de salut? Confiance! confiance!
répondrez-vous en répétant le mot de *la Presse*. Mais la
confiance s'inspire par des actes, et non par des mots,
répondrai-je à mon tour!

Quand je me sens gravement malade et qu'un mauvais
médecin, s'approchant me dit : Confiance! confiance!
mangez bien, buvez bien, ça ira bien. Moi, qui sens que
je ne puis ni boire ni manger, j'envoie le docteur au
diable avec sa confiance, et j'en prends un autre qui me
dit : Patience, je connais votre mal, je sais les moyens
d'y apporter remède. Après en avoir essayé, si je me
trouve mieux, j'ai confiance en lui; mais cette confiance
est fondée sur mon état d'amélioration, et non sur des
paroles.

Que le gouvernement d'aujourd'hui, que celui à venir
(si tant est qu'on doive remplacer ceux qui y sont) amé-
liore la situation, tout le monde aura confiance en lui;
autrement rien : qu'on le sache bien d'avance!

Je sais bien que de ce côté encore on fonde de grandes
espérances sur l'Assemblée nationale. Je dirai, moi,
qu'un pays, un gouvernement se fonde par un homme,
jamais par des masses; l'histoire est là pour le prouver.

A Rome, dans les temps difficiles, on nommait un dictateur que l'on investissait de la toute-puissance, et ce

moyen réussissait toujours. Rome fut plusieurs fois sauvée de cette façon. La révolution d'Angleterre, sous Charles Ier, ne finit-elle pas par l'élévation de Cromwel au pouvoir, sous le titre de protecteur ou de dictateur, ce qui signifiait à-peu-près la même chose, puisqu'il possédait la toute-puissance? La révolution française de 1789 ne finit-elle pas par mettre le pouvoir aux mains de Napoléon, qu'on fut heureux de trouver pour sortir de l'anarchie? La république aux États-Unis d'Amérique ne fut-elle pas fondée par Washington, aussi homme de génie?

Où est-il cet homme, dictateur, consul ou président, qui doit sauver la France? Question à laquelle on ne peut répondre jusqu'à présent...

Il faut donc convenir que nous marchons à l'inconnu. Eh bien, l'inconnu aura toujours l'inconvénient d'effrayer la majorité d'une nation surtout les riches, qui ont beaucoup à perdre et peu à gagner. Ne l'oublions ni en ce moment, ni plus tard; ne blâmons pas les riches d'agir comme nous agirions nous-mêmes si nous étions à leur place; ne mettons pas sur leur compte les effets de notre révolution; sachons en accepter toutes les conséquences. Bien que les riches n'aient pas toujours agi comme ils auraient dû faire, pardonnons-leur et n'envions ni leurs biens, ni leurs richesses, tant soit peu compromises aujourd'hui, ce qui est une leçon pour eux... Puissent-ils en profiter!

Si l'on me demande le sens que j'attache à ce qui précède, je répondrai que, dans ma conviction, les événements de Février ayant été causés par la profonde misère où était tombée la classe ouvrière par suite de la grande cherté du pain de l'année dernière, misère qui se faisait plus sentir encore cet hiver que l'hiver passé, malgré la diminution survenue, mais vu le manque de travaux et l'absence des ressources totalement épuisées l'an passé;

si les riches étaient venus plus efficacement au secours de la classe pauvre, cette révolution n'aurait pas eu lieu, du moins aussi profondément. Il fallait sacrifier deux, trois années de son revenu, et même davantage s'il était besoin; il fallait pratiquer la fraternité, bien qu'alors ce mot ne fût pas officiel; il fallait conserver ce sentiment au fond du cœur, ce qui vaut beaucoup mieux que de le mettre en tête des proclamations. Si l'on eût agi ainsi, la lutte des pauvres et des riches n'existerait pas aujourd'hui. Les riches ne l'ont point fait, qu'y ont-ils gagné? Leur fortune n'en est pas moins beaucoup plus diminuée, et, de plus, ils tremblent!

Mais que la République le sache bien, ainsi que ses plus chauds partisans... s'ils veulent procéder par la violence, par l'intimidation, s'ils font verser le sang, leur sang coulera aussi; ils y passeront tout comme les autres, et pas les derniers, encore!.. Toutes les fois qu'une nation, qu'un parti s'écartera de la ligne que lui tracent ses devoirs, il y sera ramené violemment, attendu que rien ne reste impuni : « Celui qui se sert de l'épée périra par l'épée, dit l'Écriture; celui qui adorera le veau d'or sera également puni. » La prophétie s'est vérifiée : l'égoïste aujourd'hui se trouve frappé dans ses intérêts les plus chers : c'est assez comme cela.

Maintenant que tout est bouleversé, que tout est à refaire, rappelons-nous bien qu'il n'y aura de gouvernement durable, impérissable, tant en France qu'à l'étranger, que celui qui gouvernera selon les règles éternelles DE LA JUSTICE ET DE LA RAISON !

Puisse un tel homme, un tel gouvernement se présenter bientôt! ma vie tout entière lui appartiendra. C'est le vœu que tout bon citoyen doit former en ce moment!..

LAURENT jeune.